AF440379

L²⁷n
25285

LE COMTE DE PARIS

ET

LE DUC DE CHARTRES.

LONDRES

W. JEFFS, 15, BURLINGTON ARCADE,

Foreign Bookseller to the Royal Family.

1862.

LONDRES :

IMPRIMERIE DE JOHN EDWARD TAYLOR,

LITTLE QUEEN STREET, W.C.

LE COMTE DE PARIS ET LE DUC DE CHARTRES.

Il n'y a personne qui n'ait présentes à l'esprit les circonstances qui ont amené la rupture entre les États du Sud et les États du Nord. A la suite de l'élection de M. Lincoln, élection régulière, faite sans violence et dans les formes constitutionnelles, les hommes d'état du Sud, sans consulter le peuple. dans des conventions, arrachèrent à leurs législateurs des actes de *sécession*, et firent main-basse sur les forts, les arsenaux, sur toutes les propriétés de l'Union. Le Nord essaya d'abord d'user de la conciliation, il épuisa toutes les tentatives de compromis et ne se détermina à la guerre que le jour où la prise du fort Sumter le contraignit à défendre l'honneur du drapeau national. Dans ce conflit qui, par degrés, assuma de si redoutables proportions, les uns prenaient les armes pour la Constitution, pour l'Union, pour les lois, pour leur existence nationale; les autres pour fonder un empire nouveau dont l'esclavage serait la pierre angulaire, pour revendiquer une indépendance que le principe dissolvant de la sécession ferait rapidement dégénérer en anarchie.

Entre ces deux causes, les Princes d'Orléans, amenés sur le théâtre du combat, n'avaient point à hésiter.

Ils se souvenaient que la guerre de l'indépendance américaine avait jeté son éclat sur les derniers jours de l'antique monarchie française, que leur auguste aïeul avait toujours conservé les plus vives sympathies pour les États-Unis qu'il avait visités pendant son exil et où il avait reçu l'hospitalité de l'illustre fondateur de la république. Français, pouvaient-ils oublier que durant les guerres acharnées du commencement de ce siècle, jamais la France n'avait trouvé devant elle le pavillon étoilé ? Que les États-Unis s'étaient toujours montrés prêts à défendre avec nous les grands principes de la liberté des mers ? Libéraux, ils se rappelaient que la Constitution américaine, mise en péril par la sécession, avait été l'objet des études de quelques-uns des hommes qui ont le plus honoré le régime constitutionnel. Ils voyaient donc devant eux, par une chance singulière, une occasion de servir les intérêts de la cause libérale et des temps modernes, et de défendre en même temps le dernier ouvrage de la France ancienne. Ils offrirent donc leur épée inactive au gouvernement fédéral et pendant près d'un an restèrent associés à tous les travaux, à toutes les fatigues, à toutes les luttes de la grande armée du Potomac.

Il n'entra jamais dans leur esprit de rester aux États-Unis jusqu'à la conclusion définitive de la paix : outre que cet heureux événement pouvait fuir long-temps devant leurs espérances, ils ne pouvaient oublier, même au milieu des émouvants événements auxquels ils se trouvaient mêlés, que l'Europe était toujours le point où se concentraient leurs plus chers intérêts et qu'ils n'en pouvaient rester éloignés trop longtemps. En prenant du service aux États-Unis, ils étaient demeurés libres de se retirer quand ils le voudraient ; ils avaient été dispensés du serment, ils avaient refusé toute solde. L'indépendance de leur situation était ainsi parfaitement garantie. Servant en volontaires dans l'état-major du général en chef, sans avoir de commandement, ils pouvaient se retirer sans inconvénient après avoir donné sur quelques champs de bataille une preuve de leur sympathie pour la cause de l'Union. Après avoir pris part aux travaux d'organisation de l'armée pendant que celle-ci resta concentrée devant Washington, ils prirent part à divers engagements entre Washington et Manassas : plus tard, ils furent, mêlés à toutes les opérations dans la péninsule virginienne, au siége de Yorktown, aux batailles de Williamsburg et de Fair-Oaks, enfin à toute la série de combats meurtriers qui amenèrent l'armée fédérale dans sa position actuelle sur le James-River.

Les extraits suivants, recueillis rapidement et presque au hasard, suffiront cependant à montrer de quelle manière les Princes d'Orléans ont accompli leur devoir, dans cette guerre dont les proportions rappellent les plus grandes luttes de l'histoire. Ils conservent, nous n'en doutons pas, la ferme espérance de ses triomphes futurs : en quittant l'Amérique, ils ont déclaré que le temps ni la distance n'affaibliraient la sympathie qu'ils portent à la cause fédérale, et qui dans leur esprit se mêle à leur dévouement pour les intérêts de la France et de la cause libérale dans le monde.

LES PRINCES FRANÇAIS.

(Extrait du *New-York Herald*, 7 juillet.)

" Les Princes français qui sont demeurés parmi nous depuis le mois de septembre dernier partent pour l'Angleterre.

" L'intérêt de la campagne dirigée par le général MacClellan les avait déterminés à rester dans ce pays quelques mois plus longtemps qu'ils n'en avaient d'abord l'intention.

" Pendant les neuf derniers mois, ces princes ont suivi avec un intérêt particulier les phases de la rébellion. Les deux jeunes gens étaient dans l'état-major de MacClellan, leur oncle les accompagnait partout où était envoyée l'armée du Potomac. Pendant la période d'organisation de cette armée, ils rendirent de grands services au général MacClellan, et firent fréquemment des reconnaissances en avant de Washington. Ils ont été plus d'une fois exposés au feu, et le jeune Duc en particulier a été entraîné dans une foule d'aventures par son activité sans trève et sa brillante témérité : Un jour, de novembre dernier, étant en reconnaissance avec les dragons de Cameron, devant Washington, il prit part à un engagement à *Peck's house*, et le Duc se jeta dans la mêlée avec non moins d'ardeur que ses compagnons.

" Dans ce petit engagement le capitaine Wilson, qui était à ses côtés, reçut une balle dans le cou, et le premier sergent de la compagnie fut tué ; mais le sang royal ne fut point versé. Les princes veillèrent aux travaux d'organisation de l'armée, et attendirent avec impatience l'ouverture d'abord de la campagne d'hiver, puis de celle du printemps. Ils allaient partout où se rendait le général MacClellan et son état-major, figurèrent dans la grande revue, et après l'évacuation de Manassas virent l'armée du Potomac s'établir aux environs de *Fairfax Court House*. Les princes visitèrent avec MacClellan et MacDowell le champ de bataille de *Bull-Run* ; ils allèrent passer quelques jours avec le général Stoneman à *Cedar-Run*, et prirent part au combat livré près de la station de *Catlett*. Accompagnant l'armée au fort Monroe, ils la suivirent dans toutes ses marches, assistèrent au siége de Yorktown, où ils suivirent avec un vif intérêt le progrès des parallèles, l'établissement des batteries, la construction des redoutes, l'achèvement de toutes les opérations préliminaires. Jour et nuit on pouvait les voir dans les tranchées, faisant des reconnaissances, portant des instructions aux généraux, ou occupés dans leurs tentes. Aucun instant n'était par eux perdu. On put les voir tous sous le feu à la bataille de *Lee's Mill*, devant Yorktown. Il est à peine nécessaire de dire qu'ils y déployèrent la plus grande bravoure.

"Après l'évacuation de Yorktown, le Prince de Joinville accompagna MacClellan et ses neveux allèrent à l'avant-garde avec Stoneman, qui poursuivait l'ennemi en retraite. Le soir qui précéda la bataille de Williamsburg, le Duc de Chartres alla faire une reconnaissance à la tête d'un petit détachement de dragons. Rencontrant une troupe nombreuse d'ennemis, il leur prit quatorze prisonniers, parmi lesquels trois officiers. Il avertit immédiatement le général Stoneman que les rebelles étaient en force, et il fut ensuite joint par le général Encory et son corps. Pendant la soirée, le général Sumner l'envoya avec deux compagnies d'infanterie pour tenter de reprendre un canon abandonné de la batterie du capitaine Gibson. Il avança avec précaution avec sa troupe dans l'abatis placé en tête du fort *Magruder* jusqu'à ce qu'il rencontra les tirailleurs de l'ennemi, qui tiraient de toutes parts sur lui pendant qu'il passait à cheval sur la route. L'ennemi avait amené quelques chevaux et traînait le canon hors de la boue. Voyant qu'il était impossible de le reprendre, le Duc s'en revint désappointé.

" Le Comte de Paris servit d'aide de camp à Stoneman à la bataille de *Williamsburg* et y rendit de grands services. Dans les opérations ultérieures de la péninsule, ils continuèrent à prendre une part active à toutes les affaires. Toujours à cheval avec le général, ils l'accompagnèrent sur le champ de bataille de *Fair-Oaks.*

" Ils acquirent une grande expérience dans la série de combats des deux dernières semaines. A la bataille de *Gaine's Mill,* le vendredi, 27 juin, le Comte et le Duc servirent d'aides de camp au général Fitz-John Porter, qui avait le commandement des troupes engagées. On les vit courir le long des lignes avec une remarquable célérité, portant les ordres aux officiers, au milieu de la grêle des projectiles. Une fois entre autres pendant la bataille le Duc faillit . . . être tué ou fait prisonnier par l'ennemi ; vers la fin de l'en-

gagement il avait été envoyé par le général Porter pour
porter l'ordre à un régiment de cavalerie d'arrêter
des fuyards, et d'essayer de rétablir dans leur position
première des troupes chancelantes. En retournant
au point d'où il était parti, il aperçut trois régiments
rangés en ligne près de l'hôpital où il avait laissé le
général Porter. Son œil perçant vit quelque chose
d'inusité dans l'uniforme des régiments ; tout à coup
il aperçut les drapeaux rebelles, et comme il faisait
retourner son cheval, une volée de coups de fusils
l'avertit sans qu'il pût lui rester aucun doute qu'il
avait marché à trois régiments rebelles."

LES OPÉRATIONS DE L'ARMÉE FÉDÉRALE SUR LE
CHICKAHOMINY DU 26 JUIN AU 1er JUILLET.

(Extrait du *Times*, 22 juillet 1862.)

" Dans la soirée du 25 juin, le général MacClellan
fut informé par des estafettes arrivant de divers côtés
que l'armée confédérée, qui avait déjà été considéra-
blement renforcée, était sur le point d'effectuer une
jonction avec les forces commandées par le général
Jackson, forces s'élevant à 30,000 hommes et que ce
chef redoutable, après avoir échappé à la poursuite
décousue de Fremont et de MacDowell, avait réussi
à amener sur l'arrière de l'armée du Potomac.

" Ces nouvelles changeaient complétement la situation des troupes fédérales. Devant des forces si su-

périeures, le général MacClellan ne pouvait plus continuer ses approches contre Richmond et en même temps maintenir ses communications avec la Maison Blanche, ce qui l'obligeait à couvrir jusqu'à vingt milles de chemin de fer entre ses positions avancées et le dépôt. La concentration des armées confédérées s'effectuait au moment le plus inopportun pour leurs antagonistes, dont les opérations avaient jusque-là suivi un cours qui semblait les mener au succès. Au 25 juin la division du général Hooker avait encore livré un brillant et heureux combat, qui l'avait mise en possession d'un point important au-delà de Fair-Oaks, avec une perte de 400 hommes. Mais il était trop tard pour hésiter, ou pour perdre du temps en regrets inutiles. Il fallait agir avec promptitude, et prendre des mesures décisives pour écarter le danger qui menaçait l'armée. Deux partis étaient à prendre. L'un consistait à abandonner les opérations contre Richmond, à passer le Chickahominy, à attaquer Jackson pendant qu'il était encore seul, et ensuite à retomber sur la Maison Blanche et peut-être sur Yorktown, par une ligne de retraite difficile où l'on aurait pu éprouver de sérieuses pertes. L'autre parti consistait à abandonner la Maison Blanche et les communications de l'armée avec le York-River, à établir de nouvelles communications avec le James-River, où l'on se mettrait à couvert des forces navales fédérales. Le général MacClellan se décida à adopter la seconde de ces alternatives, mais l'exécution du mouvement était des plus difficiles. La ligne à parcourir n'était pas excessivement longue. La distance était seulement de dix-sept milles. Mais il fallait faire passer tout le matériel et les bagages de l'armée par *une seule route*, en mauvais état, par un pays de marécages et de forêts, coupé par de nombreux chemins latéraux convergeant à Richmond et par où il était au pouvoir des Confédérés de traverser et de prendre en flanc les colonnes en retraite.

"La célérité de la détermination du général Mac-Clellan déconcerta l'ennemi, qui probablement conjectura que l'on ferait quelques mouvements incertains avant d'opérer sur la ligne principale de retraite, et sans doute pensa que le commandant fédéral hésiterait avant d'abandonner sa ligne de communication avec la Maison Blanche.

" Le 26 juin, la division fédérale du général MacCall fut attaquée par les forces confédérées sous le général Hill, qui avait passé le Chickahominy à *Meadow-Bridge*. Une action vive s'engagea, mais la ligne de MacCall ne fut point rompue, bien qu'attaquée avec violence par quelques régiments louisianais. On amena les réserves de l'artillerie fédérale, qui soutinrent la droite.

" Pendant ce temps les Confédérés jetèrent des renforts considérables au nord de la rivière. Cette circonstance favorisa les vues du général MacClellan, qui réussit durant la même nuit à faire passer tous les bagages de son armée sur la rive droite du Chickahominy. La droite de l'armée fédérale était encore en arrière. Le 27, au lever du jour, MacCall reçut l'ordre de se rejeter sur les ponts que les fédéraux avaient construits en face de Gaine's Mill, avec ordre, une fois toute l'armée ayant effectué son passage, de suivre la ligne de marche vers le James-River. MacCall, toutefois, fut vivement poursuivi par l'ennemi ; mais il réussit à joindre la division Morrell et les divisions de l'infanterie régulière des États-Unis sous le général Sykes. Ce corps de troupes, commandé par Fitz-John Porter, eut l'ordre de couvrir les ponts contre les Confédérés, pour gagner du temps. Ils durent tenir les ponts toute la journée, les passer dans la soirée du 27, et puis les détruire.

" Les Confédérés commencèrent l'attaque, vers une heure, en trois divisions. Le corps commandé par Jackson, arriva de Hanover Court-House, à temps pour prendre part à l'action. La bataille se livra sur un terrain ondulé, très-boisé, et semé de clairières. La lutte fut violente et pour quelque temps les Fédéraux réussirent à maintenir leur position, et à un certain moment eurent l'espoir de battre l'ennemi. Une victoire dans la circonstance eût peut-être conduit à des résultats décisifs, et c'est dans cet espoir qu'on dépêcha des ordres pour amener au secours de Porter toutes les troupes qui n'étaient pas absolument indispensables pour protéger les lignes fédérales contre Richmond, lignes, on peut le remarquer ici, qui furent attaqués par les Confédérés dans le courant de la même soirée. D'après ces ordres, la division du général Slocum accourut sur le champ de bataille à 4 heures après-midi, et fut immédiatement engagée.

" Deux brigades de la division Richardson n'arrivèrent que plus tard dans la soirée. Pendant ce temps

les Confédérés amenaient sans cesse des troupes fraî-
ches, et les Fédéraux durent bientôt abandonner tout
espoir de vaincre. Un ballon en reconnaissance dans
l'air signalait sans cesse l'arrivée de nouveaux renforts
confédérés.

" Je galopai au-delà d'un pont du Chickahominy,
nommé Albemarle-Bridge, et en arrivant sur la crête
des collines en face du pont, j'aperçus dans la vallée
sous mes pieds toute la ligne de bataille, d'un mille
et demi de long ; trente-cinq mille hommes environ
étaient engagés de côté des Fédéraux. Je pouvais dis-
tinguer tous les mouvements, non-seulement des corps,
mais encore des officiers que je connaissais—en particulier du jeune Comte de Paris et de son frère, le
premier reconnaissable, comme son royal ancêtre
Henri IV, par un chapeau d'une forme particulière.
Et j'ajouterai ici que rien ne saurait dépasser le cou-
rage déployé par ces deux jeunes Princes tant dans le
cours de l'action que dans leurs efforts ultérieurs pour
diminuer le désordre de la retraite. Le Comte de Paris
était attaché à l'état-major du général Porter, et pendant plus de quatre heures a été exposé constamment
au feu le plus meurtrier, dont il est merveilleux qu'il
ait échappé. Le Duc de Chartres fut envoyé sur la
première ligne avec les renforts détachés par MacClellan dans l'après-midi et prit la part la plus active dans
les événements subséquents de la journée. La fer-
meté déployée par ces deux jeunes officiers au moment
le plus critique de l'action—quand la bataille devint
une défaite et la retraite une panique—excita l'admi-
ration de l'armée fédérale, et leur valut les remercî-

ments publics des commandants. Il est heureux pour les Princes que leur retour en Europe, qui était déjà décidé, indépendamment de ces événements, n'avait pas encore eu lieu, et qu'ils se trouvèrent ainsi en mesure de se rendre utiles dans un moment de grand danger à la cause qu'ils avaient épousée.

" La scène qui se déployait devant moi pendant que j'examinais le terrain de la position que j'ai décrite était imposante et, je pourrais ajouter, effrayante. Je suivais les assauts répétés des masses d'infanterie, à demi cachées dans les bouquets de bois et soutenus par l'artillerie fédérale, tandis que la cavalerie occupait la vallée en réserve, et le soleil couchant jetait des rayons couleur de sang sur la sombre verdure des forêts et les pennons flottants des lanciers. A ce moment, le feu devint beaucoup plus intense au centre gauche de la ligne fédérale. Les réserves étaient amenées et excités par de grands hourrahs ; mais l'attaque gagnait à gauche. Il était évident qu'une lutte désespérée de ce côté pouvait décider du sort de la journée. Les troupes fédérales étaient toutes engagées. Il n'y avait plus de renforts. Il était déjà plus de six heures et le jour pouvait finir avant qu'on eût perdu la bataille. Jusque-là, les efforts de Jackson, de Lee, de Hill, de Longstreet avaient été repoussés ; et, pour dernière ressource, pendant que les Fédéraux maintenaient leur terrain, trois batteries, placées en potence sur l'extrême gauche, soutenaient l'infanterie. Mais les troupes fédérales étaient fatiguées ; elles avaient combattu pendant la plus grande partie de la journée; leurs munitions étaient épuisées. Les Confédérés, au contraire, amenaient des régiments frais contre la gauche de la ligne fédérale, qui céda, se mit en fuite, et, passant à travers les canons, jeta le désordre dans le centre de l'armée. L'ennemi avança rapidement. L'état-major des généraux, les jeunes Princes en tête, se jeta dans le mêlée, le sabre à la main, pour arrêter les fuyards. Un drapeau fut planté en terre, autour duquel se rallièrent pour un moment les plus braves. Le feu de mousqueterie et d'artillerie était tel que les projectiles en frappant le sol y soulevaient des nuages de poussière. A ce moment, le général Cook fit un dernier effort pour arrêter l'avance des Confédérés, en chargeant à la tête de deux régiments de cavalerie, mais en vain ; et les soldats fédéraux rejetés dans des nuages de poussière et de fumée sur le canons, furent pris par les artilleurs pour des ennemis, ce qui augmenta encore la confusion. Les chevaux furent tués sur les pièces pendant que les hommes continuaient à charger avec la plus grande intrépidité ; et la dernière chose que je vis dans la brume assombrie de cette terrible soirée, ce fut deux hommes servant encore leur pièce, pendant que l'ennemi était déjà sur eux. Quelques officiers réussirent enfin à placer trois canons en position sur le chemin et à tirer sur les colonnes de l'ennemi : à ce moment arriva la colonne irlandaise de Meagher, sale à faire peur, mais pleine d'éléments vigoureux. Ces troupes se formèrent en un instant, jetèrent deux ou trois cris sauvages, et arrêtèrent l'ennemi dans sa poursuite.

" Les pertes fédérales étaient énormes, et il ne pouvait en être autrement, en présence de la supériorité militaire immense des Confédérés. La brigade de Sykes avait perdu la moitié de son effectif. Mais la perte des Confédérés dut être très-grande. Si deux régiments ou une autre batterie étaient venus à propos au moment critique, la fortune de la journée eût été changée et la défaite convertie en victoire. Mais rien n'avait servi, et la bataille de Gaine's-Mill était irrévocablement perdue. De leur côté, les Confédérés ne purent suivre leur succès : 35,000 Fédéraux n'avaient pu battre 60,000 confédérés, mais les avaient du moins arrêtés.

" Dans le cours de la nuit suivante, les troupes fédérales repassèrent le Chickahominy en bon ordre par les ponts, qu'ils détruisirent ensuite. Ils laissaient derrière eux un champ de bataille, couvert de leurs morts ; douze canons, dont les chevaux et les artilleurs avaient été tués ; et un certain nombre de prisonniers, parmi lesquels le général Reynolds.

" La même nuit, le corps du général Keyes, qui formait maintenant l'avant-garde de l'armée, marcha en avant dans la direction de James-River, jusqu'à ce qu'il atteignit le grand marécage nommé le White-Oak-Swamp, qui traverse la route où l'armée allait faire retraite, ainsi que les principales routes qui convergent à Richmond.

" Le 28 et le 29 juin se passèrent à diriger sur cette route un convoi de 5,000 chariots avec le bagage et le matériel de l'armée, le parc de siége et un troupeau de 2,500 bœufs vers le James-River, marche d'une extrême difficulté, parce que le général n'avait qu'une route à sa disposition pour toute sa colonne.

" Le 28 juin se passa sans attaque. Les forces confédérées semblaient être dans la perplexité et dans l'ignorance du mouvement qu'exécutaient les Fédérés. Le fait est que l'armée fédérale était à la droite du Chickahominy, pendant que celle des Confédérés était, pour la plupart, sur la gauche de cette rivière, et que les ponts qui les divisaient avaient été détruits. Pour que les Confédérés pussent la traverser, il fallait qu'ils jetassent de nouveaux ponts ou qu'ils se retirassent à une distance considérable, c'est-à-dire jusqu'à Meadow-Bridge en remontant la rivière ; l'une et l'autre alternative nécessitaient du temps, et ce temps était tout ce qu'il fallait à l'armée fédérale pour qu'elle pût continuer et effectuer sa retraite.

" Ce ne fut que le 29 juin au soir que les colonnes confédérées, un moment déconcertées par le mouvement de l'armée fédérale, en retrouvèrent l'arrière-garde. Elles l'attaquèrent près de la station de Savage, sur le chemin de fer de Richmond à Yorktown. Mais ces attaques furent repoussées avec succès par les généraux Heintzelmann et Franklin.

" Le 30 juin, l'armée, avec son bagage, avait réussi à passer le marais nommé White-Oak, ce qui plaçait une autre barrière entre elle et l'ennemi. Déjà, dans la soirée précédente, Keyes et Porter, avec leurs corps respectifs, avaient atteint la James-River et s'étaient placés en communication avec la flotille des canonnières qui étaient le long de la côte. Le convoi suivit, mais après avoir passé le marais, les nègres qui servaient de guides à l'armée indiquèrent plusieurs chemins, et la colonne ne fut plus obligée d'opérer sa retraite sur une seule ligne. Les troupes fédérales furent quelquefois harassées par des détachements de cavalerie, mais elles ne rencontrèrent pas de sérieux obstacles. On s'attendait, pourtant, à ce que les Confédérés fissent un autre effort pour jeter leurs adversaires dans la confusion. Le général MacClellan avait pris ses mesures en conséquences. Il laissa Franklin et Sumner pour défendre le passage du marais appelé White-Oak, et il plaça Heintzelmann, avec les divisions Hooker, Kearney, Sedgewick et MacCall, sur les routes qui conduisent de Richmond à un point nommé Crossroads où débouchent plusieurs de ces lignes. Sous la protection de ces troupes, le convoi compléta sa marche et parvint à la James-River précisément au moment où apparaissait une flotte de transports apportant des provisions et de l'ammunition pour l'armée au Fort Monroe.

" Plus tard, les généraux Sumner et Franklin furent attaqués furieusement au passage du White-Oak-Swamp, où les Confédérés avaient amené une puissante artillerie. Ils se retirèrent pied à pied. Un peu plus tard, le même jour, Heintzelmann fut attaqué aux Cross-Roads, où s'engagea une action sans grands résultats. La division de MacCall fut très-maltraitée et perdit son commandant, qui fut fait prisonnier. D'autre part, et sur un autre point, Hooker et Kearney, deux excellents officiers, prirent beaucoup de prisonniers aux Confédérés.

" Une troisième attaque fut faite par les Confédérés contre le corps de Porter ; elle fut repoussée par l'artillerie fédérale et les canons des *gun-boats*.

" Le 30 juin au soir, toute l'armée du Potomac était réunie sur les bords du James-River. La position qu'elle occupe est forte et se nomme tantôt Turkey-Bend, tantôt Kalvera-Hill. Le mouvement hardi par lequel l'armée avait échappé à un grand péril et avait changé sa base d'opérations était exécuté, et le général en chef avait rétabli ses communications avec les transports.

" Le mouvement hardi par lequel il avait échappé à un grand péril, et changé la base des opérations menacées par l'ennemi pour en prendre une autre qui offrît plus de sécurité, fut ainsi accompli. Mais l'armée était totalement épuisée. Pendant cinq jours consécutifs, elle avait ou combattu ou effectué des marches, et tout cela sous la chaleur d'un soleil tropical. Un grand nombre d'hommes tombèrent d'affaissement et vinrent grossir l'énorme masse de malades et de blessés qui se trainaient le long de la route, aussi longtemps qu'ils le pouvaient, dans la plus pitoyable et la plus désolante condition. Néanmoins, dans la nuit du 30, toutes les forces furent ralliées, et, si elles sont de nouveau attaquées par les Confédérés, j'ose affirmer que l'armée du Potomac est encore en état de les recevoir. Ce résultat est principalement dû à la forte et nombreuse artillerie que le général MacClellan avait persisté à prendre avec lui, malgré la difficulté de transporter des canons dans un tel pays et par de pareilles routes de communication. La position qu'il occupe actuellement sur la côte, en face Harrison's-Bar, a été choisie par les ingénieurs

de l'armée et par la marine comme le terrain le mieux
adapté tout à la fois pour la défense et pour les ar-
rivages de munitions. Des renforcements sont déjà
envoyés, et le gouvernement fédéral cherchera sans
doute à opposer à la concentration des forces confédérées une action plus concentrée des armées fédérales.

"Les princes d'Orléans prirent congé, le 30 juin au
soir, du général MacClellan ; celui-ci les accompagna
jusqu'à la canonnière Jacob-Bell, qui les mena à Fort
Monroë. Ils se rendirent immédiatement à Washington, où ils purent faire leurs rapports sur la situation de l'armée et dissiper les alarmes exagérées qui
s'étaient répandues à la suite des derniers engagements. 'Vous m'avez tiré d'une grande inquiétude,'
dit le Président Lincoln au Prince de Joinville en lui
faisant ses adieux. A New-York, et ensuite à Boston,
ils reçurent durant les quelques heures de leur séjour
la visite des autorités municipales et des personnages
les plus éminents de ces deux villes ; enfin, ils s'embar-
quèrent le 9 juillet à bord de l'*Arabia* qui les ramena
en Angleterre."

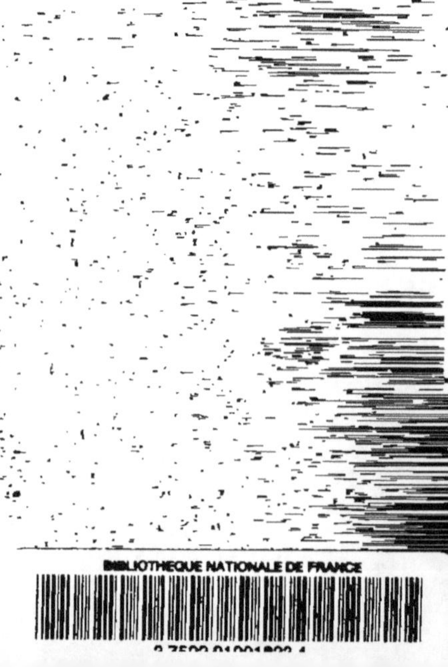